アウトドアスパイス ほりにし やみつきレシピ

堀西

監修 たけだバーベキュー

ヨシモトブックス

はじめに

あれは2018年の4月。
和歌山の小さな田舎町で行なわれたイベントのときのこと。
「たけだくん、めちゃくちゃ美味しいスパイスができたからちょっと食べてみてくれへん?」
そう言われて試しにペロッと一舐めして以来、僕はずっと「ほりにし」のファンです。なんと言っても、旨すぎます！　どんな食材にかけても美味しくなってしまうんですから。

牛、豚、鶏はもちろんのこと、ごはん、スープ、麺類にも抜群の相性を発揮してくれます。これまでいろんな料理に使ってきましたが、正直、食材にかけるだけで一品完成してしまうので、むしろ料理が苦手な方のほうが使いこなせるんじゃないかと思うほどです！

そんな万能スパイス「ほりにし」を昔から愛用している方、これから使ってみたい方、いろんな方に見ていただけるようにレシピを幅広く、そして思いっきり簡単にして、この一冊にまとめました。かけるだけのレシピもたくさんあります。本当それぐらい万能なんです。
この本をきっかけに「ほりにし」の魅力にどっぷり浸かっていただき、そして、アウトドア料理以外の新たな「ほりにし」の使い道を発見していただきたいと思っています。
いつもの食卓に、そしてキャンプのお供にぜひ「ほりにし」を加えてみてください。その万能具合に驚くと思います。
ちなみにレシピには入れませんでしたが、お皿に「ほりにし」を少し出して、それを指でペロッと舐める「素ほりにし」が、僕的にはおすすめです(笑)。

ではでは、共に楽しいほりにしライフを楽しみましょう！
ナイスバーベ！

たけだバーベキュー

もくじ

ほりにしの
バーベキューレシピ

ほりにし食堂

Column

おつまみほりにし

Column

カフェ＆喫茶ほりにし

ほりにしとは？

和歌山にあるアウトドアセレクトショップ「Orange」。
「ほりにし」は、Orangeのマネージャーである堀西晃弘さんが、5年の歳月をかけてつくりあげた万能スパイスです。
塩、コショウはもちろんのこと、ガーリックやコリアンダー、バジルにオレガノなどのスパイス、そして旨味たっぷりなミルポアパウダーや和食にも合う粉末醤油など、20種類以上の材料がバランスよく調合されているんです。
だから、食材にかけるだけでもおいしいし、混ぜこんだり、溶かしたり、漬け込んだりしてもOK。万能だからこそ、使い方次第でさまざまな料理の味をしっかり決めてくれます。
食材も選びません。肉や魚、野菜だけではなく、卵や麺、ごはん、フルーツにだって。“これさえあれば”、そんな頼れるオールマイティスパイス、それが「ほりにし」です。

Orange マネージャーの堀西です！

使い方で広がるレシピ！

どんな食材にも合う！

アウトドアスパイス
ほりにし

ほりにしのバーベキューレシピ

1

THE ステーキ

レシピは→ P16

2

鶏もも肉の炭火焼き

レシピは → P16

3

わんぱくハンバーガー

レシピは → P16

4
たらのバターレモンソテー
レシピは → P17

5

ダッチオーブン丸ごと野菜蒸し

レシピは → P17

6

ぐつぐつアヒージョ

レシピは → P17

7
みんな大好きTKG
レシピは→P17

1 THEステーキ

材料（2人分）

牛肩ロースステーキ肉 … 400g

ほりにし … 小さじ2

作り方

1 肉の両面にほりにしをふって、バーベキューコンロの強火ゾーンで1分ずつ両面を焼く。

2 弱火ゾーンに移し、ふたをして中まで火が通るよう10分ほどじっくりと焼く。

鶏もも肉の炭火焼き

かけ
ほり

材料（2人分）

鶏もも肉 … 1枚

ほりにし … 小さじ2

作り方

1 ほりにしをふった鶏もも肉を皮面から焼き、焼き目がついたら裏返して焼く。

2 弱火にして、ふたをした状態で15分焼く。

わんぱくハンバーガー

材料（1人分）

牛ひき肉 … 150g

レタス … 1枚

バンズ … 1個

スライスチーズ … 1枚

トマト…1枚（輪切り）

ほりにし … 小さじ2

サラダ油 … 大さじ1

バター … 小さじ1

はちみつ … 大さじ1

タルタルソース … 大さじ1

ケチャップ、マスタード … 各適量

作り方

1 牛ひき肉にほりにし（小さじ1）を加え、しっかりとこねて薄い丸型に成形し、パティを作る。レタスは一枚を四つ折りにする。バンズは半分に切っておく。

2 鉄板にサラダ油をひいてパティを焼く。

3 パティの上にチーズをのせて、ふたをする。チーズが溶けたら、ほりにし（小さじ1）をふる。

4 鉄板にバターとはちみつをのせて熱し、その上でバンズを焼く。

5 バンズにタルタルソースを塗って、レタス、トマト、パティの順にサンドし、お好みでケチャップやマスタードをかける。

たらの バターレモンソテー

かけほり

材料（2人分）

たら（切り身）… 2切れ
レモン … 1/2個
イタリアンパセリ … 適量
ほりにし … 大さじ1
バター … 20g

作り方

1 たらの両面にほりにしをふる。レモンは輪切りにしておく。

2 スキレットを熱してバターを溶かし、たらとレモンを入れて、たらの両面に焼き色がつくまで焼く。最後にイタリアンパセリをのせて完成。

ダッチオーブン 丸ごと野菜蒸し

かけほり

材料（4人分）

じゃがいも … 3個
たまねぎ … 1個
とうもろこし … 1本
にんじん … 2本
ブロッコリー … 1/2房
にんにく … 1個
ほりにし … 適量

作り方

1 野菜を洗う。じゃがいも、たまねぎは半分に、とうもろこし、にんじんは3等分にカットする。ブロッコリーも適当な大きさにわける。にんにくは皮つきのまま、上部を水平にカットする。

2 ダッチオーブンに水を1cmほど入れて底網をのせる。

3 野菜をのせて、20分火にかけたら完成。ほりにしをふって、いただく。

ぐつぐつ アヒージョ

材料（2人分）

エビ … 10尾
マッシュルーム … 4個
アスパラガス … 2本
にんにく … 3片
プチトマト … 8個
バゲット … 適量
オリーブオイル … 100ml
鷹の爪 … 2本
ほりにし … 大さじ1

作り方

1 エビは殻をむいておく。マッシュルームは半分に、アスパラガスは3cm程度にカット。にんにくは皮をむいておく。

2 スキレットにオリーブオイル、鷹の爪、にんにくを入れて熱する。

3 エビ、マッシュルーム、アスパラガス、プチトマトを加え、ほりにしをふりかける。

4 エビに火が通ったら完成。あぶったバゲットを添える。

みんな大好き TKG

かけほり

材料（1人分）

米 … 1合
卵 … 1個
水 … 1合分
ほりにし … 適量

作り方

1 飯ごうに米と水を入れて炊く。

2 *1*が炊けたらあたたかいごはんを器によそって卵をのせ、ほりにしをふれば完成。

ほりにし×調味料を楽しむ

組み合わせで広がるレシピ！

「ほりにし」は、どんな調味料とも仲良くなれる懐の深いスパイスなんです。
ちょっと刺激がほしいときや、いつもの調味料にひとふりしてから和えたりかけたりすれば、深みが増すこと間違いなしです。
ここでは20種類の使える組み合わせを大公開！

仕上げにのっけて

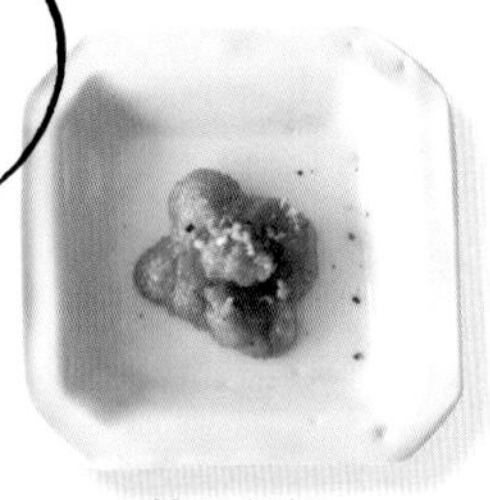
柚子胡椒

大根おろし

もろみ味噌

タルタルソース

サルサソース

酢

砂糖

塩こうじ

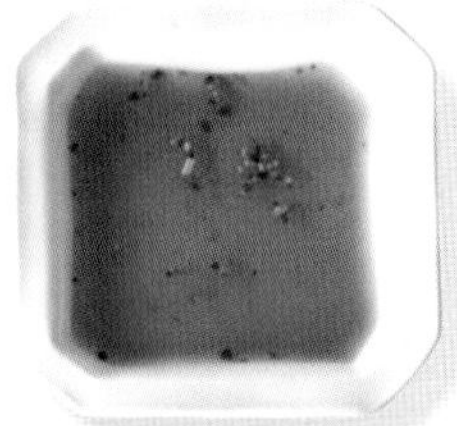

ナンプラー

スパイシーにチェンジ！

スイートチリ

マヨネーズ

オーロラソース

カッテージチーズ

マスタード

ゆかり

塩昆布

たらこマヨネーズ

ケチャップ

ブルーチーズ

パルメザンチーズ

ほりにし食堂

いつもの和定食だって
パパッとふりかければ
グッとおいしくなっちゃう。

らくうま唐揚げ

材料（2人分）

鶏もも肉 … 300g
卵 … 1個
ほりにし … 大さじ1
酒 … 小さじ2
小麦粉 … 大さじ3
サラダ油 … 適量

作り方

1 鶏もも肉を一口サイズにカットし、
袋に入れてほりにしと酒でもみ込む。

2 30分ほど置いて味をなじませ、そこに小麦粉、
卵を入れてさらにもみ込む。

3 180℃に熱したサラダ油で4分ほど揚げる。
バットに上げて油を切りつつ、余熱で火を通す。
5分ほど置いたら完成。
さらにお好みでほりにし（分量外）をかけても。

芳醇チーズカツレツ

材料(1人分)

とんかつ用豚肉 … 1枚
パセリ … 適量
ほりにし … 適量

バッター液

- 小麦粉 … 50g
- 卵 … 1個
- 牛乳 … 50ml

パン粉 … 大さじ3
粉チーズ … 大さじ2
サラダ油 … 適量

トマトソース

- カットトマト缶 … 大さじ4
- コンソメ … 小さじ1
- にんにく(チューブ)… 小さじ1
- 塩 … 少々
- 砂糖 … 小さじ1

作り方

1 とんかつ用豚肉に、ほりにしをまぶす。

2 バッター液の材料を混ぜあわせ、肉をくぐらせる。

3 パン粉と粉チーズを混ぜ合わせたものを肉につけて、180℃に熱したサラダ油で揚げる。

4 トマトソースの材料を小鍋に入れてひと煮立ちさせる。

5 お皿に盛りつけてソースをかけ、パセリをふって完成。

具だくさんタルタルチキン南蛮

材料(2人分)

鶏もも肉 … 1枚
パセリ … 適量
ほりにし … 適量
サラダ油 … 適量

タレ
- 酢 … 大さじ2
- みりん … 大さじ1
- しょうゆ … 大さじ1
- 砂糖 … 大さじ1

バッター液
- 小麦粉 … 50g
- 卵 … 1個
- 牛乳 … 50ml

タルタルソース
- ゆで卵 … 2個
- たまねぎ … 1/2個
- たくあん … 4切れ
- マヨネーズ … 大さじ4
- 塩 … 1つまみ
- 黒こしょう … 小さじ1
- レモン汁 … 1/2個分
- ほりにし … 小さじ1

作り方

1 タレ、バッター液の材料をそれぞれ混ぜ合わせておく。

2 タルタルソースのゆで卵、たまねぎ、たくあんを刻み、調味料と混ぜ合わせる。
味をなじませるために冷蔵庫で寝かせておく。

3 鶏もも肉の分厚い部分に包丁を入れておく。

4 ほりにしを肉全体にまぶし、バッター液にくぐらせる。

5 180℃に熱したサラダ油で6分ほど揚げ焼きにし、中まで火を通す。

6 カットした肉にタレをまわしかけ、その上にタルタルソースをかける。パセリを散らして完成。

あっさり豚キャベツの和風オムレツ

溶け ほり

材料（2人分）

卵 … 2個
豚こま切れ肉 … 100g
キャベツ … 3枚
牛乳 … 大さじ1
ほりにし … 小さじ2
砂糖 … 小さじ1
サラダ油 … 適量
お好み焼きソース、マヨネーズ、青のり、かつお節 … 各適量

作り方

1 卵、牛乳、ほりにし（小さじ1）、
砂糖をよく混ぜ合わせておく。

2 フライパンにサラダ油をひいて熱し、
豚肉とキャベツにほりにし（小さじ1）を入れて炒める。

3 別皿に2を取り出し、フライパンをさっと拭いて、
1を流し込む。
底が固まってきたら先ほどのキャベツと
豚肉をのせて二つ折りにする。

4 お好み焼きソース、マヨネーズ、青のり、
かつお節をかけたら完成。

溶け/ほり

ピリッとぶり大根

材料（2人分）

ぶり … 2切れ
大根 … 15cm程度
しょうが … 1片
しょうゆ … 大さじ2
みりん … 大さじ2
砂糖 … 大さじ1
水 … 200cc
ほりにし … 小さじ2

作り方

1 ぶりを熱湯にくぐらせて臭みを取る。
2 大根は皮をむいて厚さ2cmの輪切りにし、面取りをしておく。
3 鍋にしょうゆ、みりん、砂糖と水、薄切りにしたしょうが、ほりにしを入れて熱し、沸騰したらぶりと大根を入れる。
4 落とし蓋をして、20分ほど中火で煮込む。
5 煮汁が1/3程度に煮詰まったらお皿に盛りつけ、仕上げのほりにし（分量外）をふって完成。

こっくりサバ味噌煮

溶け ほり

材料（2人分）

サバ（切り身）… 2切れ
しょうが … 1片
水 … 100ml
酒 … 50ml
みりん … 大さじ3
砂糖 … 大さじ3
味噌 … 大さじ3
しょうゆ … 大さじ1
ほりにし … 小さじ2

作り方

1 サバの両面に熱湯をかけて霜降りにする。

2 鍋に、水、酒、みりん、砂糖、味噌、しょうゆ、ほりにしを入れて熱し、沸騰したら薄切りにしたしょうがと、1のサバを入れて落とし蓋をする。たまに煮汁を上からかけて味をなじませる。

3 煮汁にとろみが出てきたら完成。

4 仕上げに細切りにしたしょうが（分量外）を飾る。

白身魚のカリポテ揚げ

材料（1人分）

タラ … 1切れ

じゃがいも … 2個

ほりにし … 大さじ1

小麦粉 … 適量

サラダ油 … 適量

作り方

1 タラを一口サイズにカットする。
じゃがいもは皮をむいて細切りにする。

2 ほりにしをふったタラに小麦粉をまぶし、
じゃがいもをまとわせて、熱したサラダ油で揚げる。

3 最後に仕上げのほりにし（分量外）をふって完成。

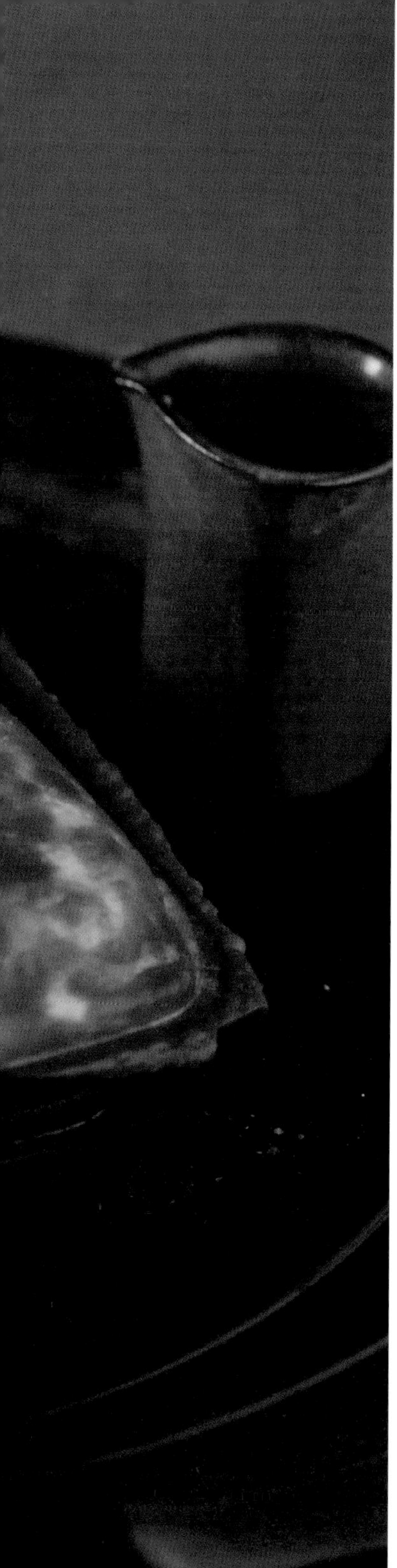

ホットサンド餃子

混ぜほり

材料(2人分)

鍋用つみれ … 150g
ニラ … 1/4束
餃子の皮 … 12枚
ほりにし … 小さじ2
ごま油 … 大さじ1
餃子のタレ … 適量

作り方

1 鍋用つみれに、適当な大きさにカットしたニラとほりにしを加え、混ぜ込む。

2 ホットサンドメーカーにごま油をひき、餃子の皮が少しずつ重なるように6枚並べ、1の具材をのせる。

3 残りの餃子の皮を上にのせ、サンドして中火にかける。

4 ホットサンドメーカーを何度か裏返し、中の様子を確認しながら火が通るまで焼いたら完成。お好みで餃子のタレにつけていただく。

Meet

がっつりガーリックとんてき

材料(1人分)

豚ロース肉ステーキ用 … 2枚
にんにく … 3片
キャベツ、トマト … 各適量
薄力粉 … 適量
サラダ油 … 大さじ1
バター … 10g

タレ

ほりにし … 適量
ウスターソース … 大さじ1
みりん … 大さじ2
しょうゆ … 大さじ1
砂糖 … 大さじ1

マヨネーズ … 適量

作り方

1 豚肉は上部に切り込みを入れ、薄力粉をまぶす。
2 フライパンにサラダ油を入れて熱し、
つぶしたにんにくを香りが出るまで炒める。
そこに豚肉を入れて両面きつね色になるまで焼く。
3 タレの材料を混ぜ合わせ、
2にバターと一緒に入れて煮詰める。
4 3の豚肉を盛りつけ、
フライパンに残ったタレをまわしかける。
千切りキャベツとくし切りにしたトマト、
お好みでマヨネーズを添える。

染み ほり

ネギ旨だれの水晶鶏

材料(2人分)

鶏むね肉 … 1枚
水菜 … 適量
ほりにし … 小さじ2
片栗粉 … 大さじ2
ネギだれ
長ネギ … 1/2本
しょうが(チューブ) …2cm
酢 … 小さじ2
砂糖 … 小さじ2
ごま油 … 小さじ1
しょうゆ … 小さじ2

作り方

1 鶏むね肉を一口大のそぎ切りにし、ほりにし、片栗粉をまぶしてお湯で5分ほど茹でて、氷水にさらす。冷めたら水気を取っておく。

2 ネギだれを作る。長ネギをみじん切りにして、残りの材料と混ぜ合わせる。

3 お皿に盛りつけてネギだれをのせ、水菜を添えて完成。

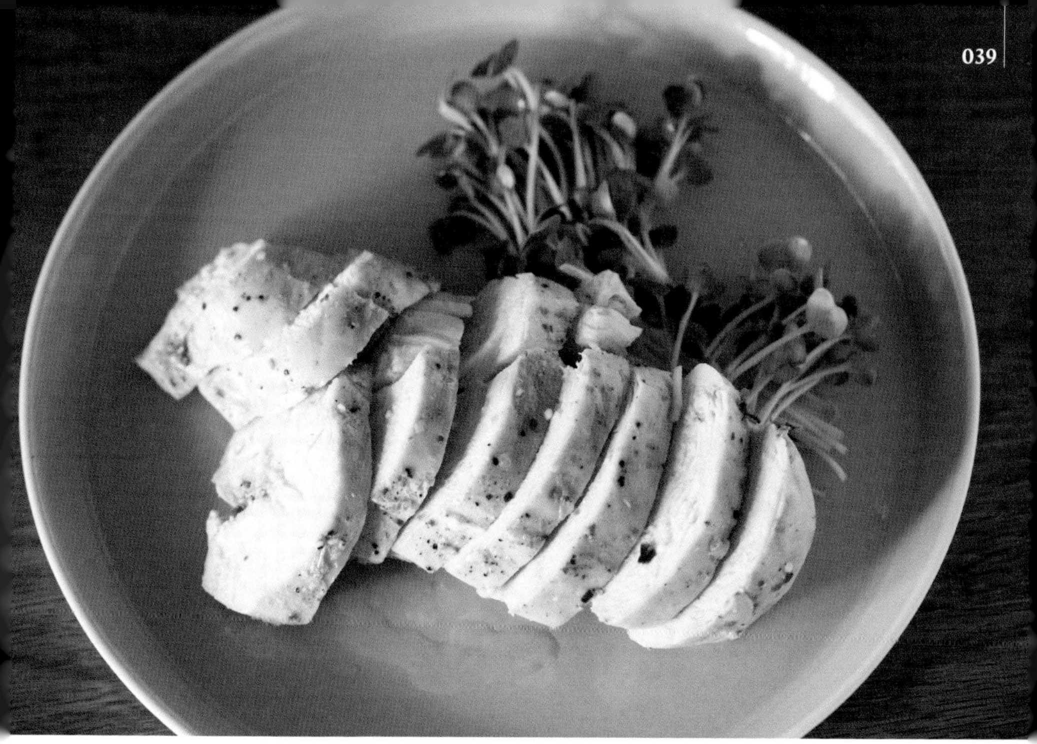

しっとり鶏ハム

漬け ほり

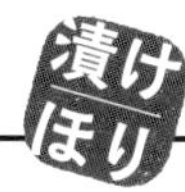

材料(2人分)

鶏むね肉 … 1枚
かいわれ … 適量
ほりにし … 大さじ1
オリーブオイル … 大さじ1

作り方

1 鶏むね肉の皮をはぎ、裏表からフォークで穴をあけて味が染み込みやすくする。

2 ファスナーつきの保存用袋に1を入れ、ほりにしとオリーブオイルを加えてもみ込み、空気を抜いて30分ほど漬け込んでおく。

3 鍋にお湯を沸かし、沸騰したら鶏むね肉を袋ごと入れ、2分ほど火にかける。火を止めてそのまま20～30分放置し、余熱で火を通す。

4 3を鍋から取り出し、粗熱を取って冷蔵庫で冷やす。

5 冷えたら切り分けて袋に残ったオイルをかける。仕上げにかいわれを飾る。

Meet

ふんわり きくらげ卵炒め

かけ ほり

材料(2人分)

きくらげ(乾燥)… 大さじ山盛り1
卵 … 2個
ごま油 … 大さじ1
砂糖 … 小さじ1
オイスターソース … 小さじ2
ほりにし … 小さじ1

作り方

1 きくらげは水で戻し、卵は溶いておく。
2 フライパンを強火で熱してごま油をひき、きくらげ、溶き卵の順に炒める。
3 砂糖、オイスターソース、ほりにしを加えてさらに炒めれば完成。

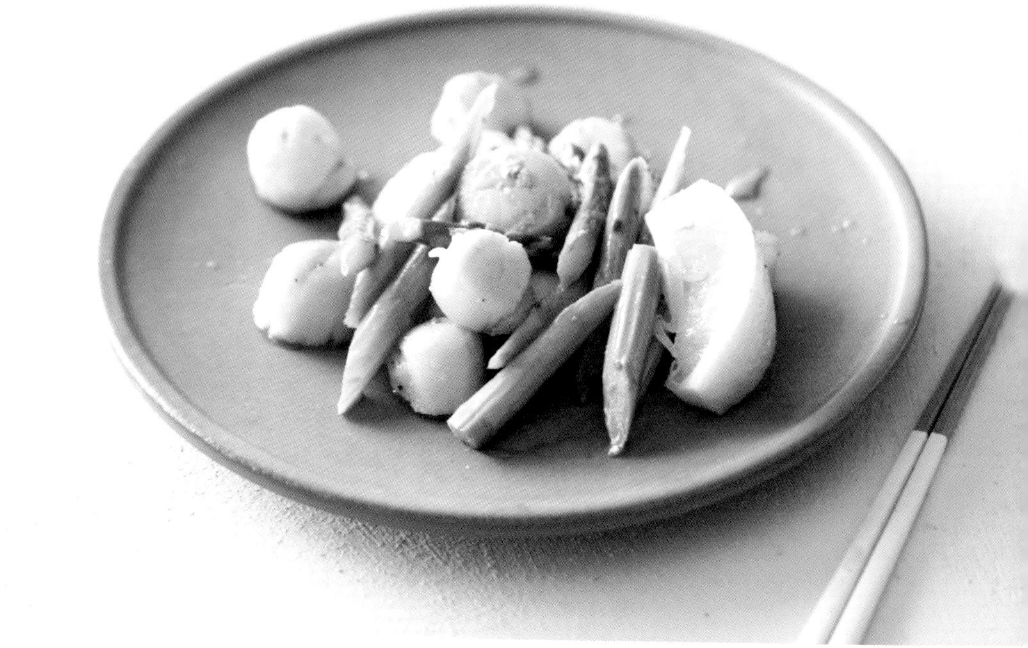

さっぱりホタテアスパラレモン

かけ
ほり

材料(2人分)

ホタテ刺身用 … 10個
アスパラガス … 3本
薄力粉 … 適量
バター … 10g
ほりにし … 小さじ2
レモン … 1/6個

作り方

1 ホタテは薄力粉を薄くはたいておく。アスパラガスの根元を切り落とし、下3cm分ぐらいピーラーで皮をむき、3㎝ほどに切っておく。

2 フライパンにバターを入れて熱し、ホタテとアスパラガスを加え、ほりにしをふって炒める。

3 火が通ったら皿に盛りつけ、最後にレモンを絞って完成。

かけ
ほり

ピリ旨チャンプルー

材料(2人分)

木綿豆腐 … 1/2丁
豚バラ肉 … 100g
もやし … 1/2袋
ニラ … 1/4束
卵 … 1個
ごま油 … 大さじ1
しょうが(チューブ)
… 小さじ1
ほりにし … 小さじ2

作り方

1 豆腐を湯通しし、ざるにあげる。
2 熱したフライパンにごま油をひいて、豚バラ肉、豆腐を入れて炒める。
3 もやしとニラ、しょうがを入れて、ほりにしをふりかけてさらに炒める。
4 最後に溶いた卵を加え、炒める。

かけほり 王道チンジャオロース

材料(2人分)

牛肉 … 200g
ピーマン … 2個
たけのこ水煮(細切り)… 100g
片栗粉 … 大さじ1
ごま油 … 大さじ1
酒 … 大さじ1
オイスターソース … 大さじ2
砂糖 … 小さじ1
ほりにし … 小さじ1

作り方

1 細切りにした牛肉に片栗粉をまぶす。ピーマンの種を取り、細切りにする。たけのこは水気を切っておく。

2 熱したフライパンにごま油をひき、牛肉を入れて強火で炒める。牛肉の色が変わってきたら、ピーマンとたけのこを加えて、さらに炒める。

3 酒、オイスターソース、砂糖、ほりにしを入れ、炒めて完成。

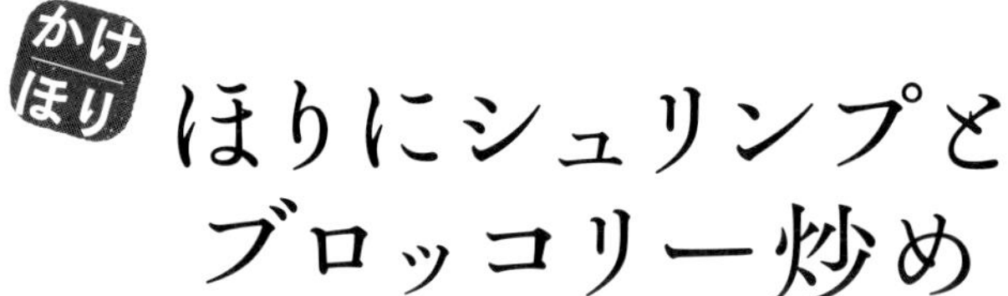

ほりにシュリンプとブロッコリー炒め

材料（2人分）

エビ … 8尾
ブロッコリー … 1株
にんにく … 1片
オリーブオイル … 適量
ほりにし … 適量

作り方

1 エビは殻をむき、背ワタを取る。
ブロッコリーは小房にわけて下茹でしておく。
にんにくは皮をむいてスライスする。

2 フライパンを熱し、オリーブオイルでにんにくを炒め、
にんにくの香りが立ったら、エビを入れてさらに炒める。

3 エビに火が通ったらブロッコリーを加え、
ほりにしで味つけをして完成。

コク旨鯛めし

材料(2人分)

米 … 1合
鯛(刺身) … 6切れ
三つ葉 … 適量
水 … 1合分
ほりにし … 小さじ2
白だし … 小さじ1

作り方

1 鍋で米を研いで、30分水に浸しておく。

2 1に鯛、ほりにし、白だしを入れ、15分弱火で炊飯する。

3 5分蒸らした後、三つ葉をのせて完成。

かけほり かんたん 極旨 チャーハン

材料(1人分)

味つきチャーシュー … 60g
卵 … 1個
ごはん … 茶碗1杯分
青ネギ … 適量
サラダ油 … 大さじ1
ほりにし … 小さじ2

作り方

1 チャーシューは1㎝角に切り、卵は溶いておく。

2 フライパンを熱し、サラダ油をひいて、ごはんを炒める。

3 溶いた卵を入れて混ぜ炒め、チャーシュー、ほりにしを入れてさらに手早く炒める。

4 最後にカットした青ネギを入れて混ぜ、お皿に盛りつけたら完成。

混ぜほり ゴロゴロ台湾まぜそば

材料（1人分）

味つきチャーシュー … 50g
ザーサイ … 適量
袋麺 … 1袋
ネギ（小口切り）… 適量
卵黄 … 1個
オイスターソース … 大さじ1
ほりにし … 小さじ1
ラー油 … 小さじ1

作り方

1 チャーシュー、ザーサイは食べやすい大きさに刻んでおく。
2 袋麺を既定の時間通りに茹でてしっかり湯切りし、ボウルに入れる。
3 2に1のチャーシューとザーサイ、ネギ、オイスターソース、ほりにしを入れ、よく混ぜ合わせる。
4 お皿に盛ってラー油をまわしかけ、最後に卵黄をのせて完成。

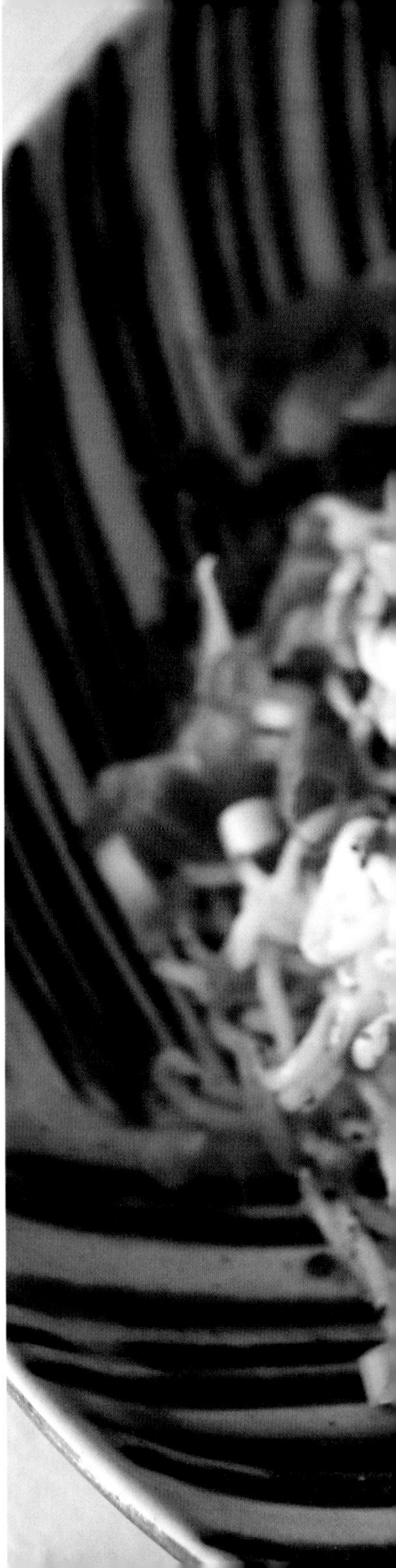

溶け
ほり

ほりにしけんちん

材料（2人分）

木綿豆腐 … 1/2丁
こんにゃく … 1/2個
大根 … 1/4本
にんじん … 1/2本
ごぼう … 1/4本
ごま油 … 大さじ1
水 … 3カップ
しょうゆ … 大さじ1
ほりにし … 大さじ1/2
酒 … 大さじ2

作り方

1 豆腐、こんにゃくを食べやすい大きさにカットする。大根、にんじんはいちょう切り、ごぼうはささがきにして水にさらしておく。

2 鍋にごま油をひいて、大根、にんじん、ごぼうをさっと炒める。

3 2に水、しょうゆ、ほりにし、酒を入れて10分ほど煮込む。

4 最後に豆腐とこんにゃくを加えてさらに煮込んだら完成。

ほりに塩豚のスープ

漬け ほり

材料(2人分)

豚ロース肉(ブロック)
… 500g
キャベツ … 1/4個
ほりにし … 小さじ2
砂糖 … 小さじ1
水 … 1.5 ℓ
ローリエ … 1枚

作り方

1 豚肉をビニール袋に入れてほりにしと砂糖をふりかけ、半日以上寝かせる。

2 1の豚肉を1.5 ℓ の水でローリエと一緒に弱火で40分ほど茹でる。水がなくなってきたら随時足す。

3 大きくカットしたキャベツを加え、さらに20分煮込んだら完成。

4 豚肉を食べやすい大きさにカットして器に盛りつける。

Meet

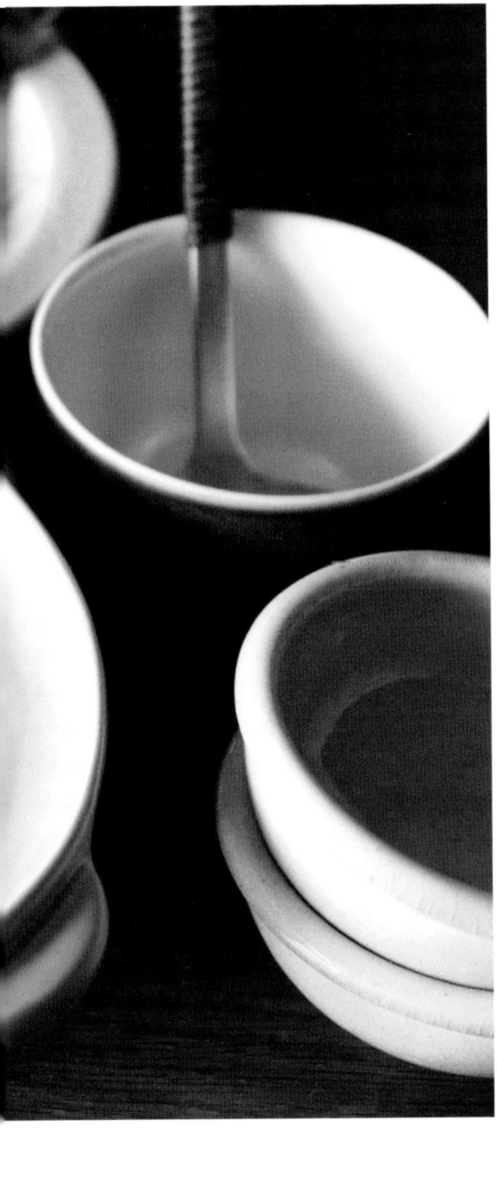

ほりにし常夜鍋

材料(2人分)

絹ごし豆腐 … 1丁
水菜 … 1束
しいたけ … 2個
豚肉(しゃぶしゃぶ用) … 200g
水 … 1L
ほりにし … 大さじ1
酒 … 大さじ2
薬味、ポン酢 … 各適量

作り方

1　土鍋に水とほりにし、酒を入れて火にかけ、沸騰させておく。豆腐と水菜は食べやすい大きさにカットし、しいたけは十字に飾り切りする。

2　1の土鍋に豆腐、しいたけを先に入れて茹でておく。そこへ水菜、豚肉を入れて、肉に火が通ったら、お好みの薬味を加えたポン酢でいただく。

赤ほりにしでつくる 辛党レシピ

辛い物好きな方におすすめしたい、
旨辛な逸品、通称・「赤ほりにし」。
辛い! 旨い! クセになる!
とっておきの3品をご紹介!

赤ほりにしとは

辛党からのリクエストにより、2020年にデビューしたばかり。「ほりにし」をベースにただ辛いだけではなく、旨辛を目指して23種類のスパイスをブレンドしています。「ほりにし」との使い分けをぜひ楽しんで。

1 じんわり辛いチリコンカン

溶けほり

● 材料(2人分)

合いびき肉 … 200g
にんにく … 1片
ミックスビーンズ缶 … 2缶
カットトマト缶 … 1缶
パセリ … 適量
オリーブオイル … 大さじ1
赤ほりにし … 大さじ1
ウスターソース … 大さじ1

作り方

1/フライパンにオリーブオイルをひき、スライスしたにんにくを炒める。にんにくの香りが立ったら合いびき肉を加え、さらに炒める。
2/合いびき肉に火が通ったら、ミックスビーンズとカットトマト、赤ほりにし、ウスターソースを入れて煮込む。
3/程よく水分がなくなってきたら、器に盛る。パセリをふって完成。

かけ
ほり

カリサクク手羽先

● 材料（2人分）

鶏手羽先 … 4本
サラダ油 … 適量

特製スパイス
- ピーナッツ … 大さじ1
- クルトン … 大さじ1
- 干しエビ … 大さじ1
- 砂糖 … 小さじ1
- 赤ほりにし … 大さじ2

作り方

1／ピーナッツ、クルトン、干しエビは荒く砕いておく。砂糖、赤ほりにしと混ぜ合わせ、特製スパイスを作っておく。

2／フライパンにサラダ油をひき、手羽先に分量外の赤ほりにしを適量ふって中火でこんがりと焼く。

3／特製スパイスをたっぷりとふりかけて完成。

混ぜ
ほり

やみつきバッファローチキン

● 材料（2人分）

鶏手羽元 … 6本
パセリ … 適量
油 … 適量

特製チーズソース
- ブルーチーズ … 30g
- マヨネーズ … 大さじ3
- 白ワインビネガー… 大さじ2
- ヨーグルト … 大さじ1

辛旨ソース
- バター … 20g
- たまねぎ … 1/4個
- にんにく … 1片
- ケチャップ … 大さじ4
- 白ワインビネガー … 大さじ2
- 赤ほりにし … 小さじ2

作り方

1／ボウルに室温に戻したブルーチーズ、マヨネーズ、白ワインビネガー、ヨーグルトを入れて混ぜ合わせ、特製チーズソースを作っておく。

2／小さなフライパンにバターを熱し、みじん切りしたたまねぎと細かく刻んだにんにくを炒める。

3／たまねぎが透き通ってきたら、ケチャップ、白ワインビネガー、赤ほりにしを加えてさらに炒めて辛旨ソースを作っておく。赤ほりにしの量を調整すれば、お好みの辛さにすることができる。

4／油をひいて熱したフライパンで分量外の赤ほりにしをふった手羽元を焼き、火が通ったら辛旨ソースに絡める。

5／お皿に盛って特製チーズソースをまわしかけ、パセリを散らせば完成。

おつまみほりにし

今宵の晩酌は気分を変えて
ちょっとスパイシーに
愉しんじゃう?

こくマヨバーニャカウダー

材料（2人分）

にんじん … 1/4本
パプリカ（赤・黄）… 各1/2個
きゅうり … 1/4本
ベーコン … 60g
アンチョビフィレ … 1本
マヨネーズ … 大さじ3
ほりにし … 小さじ1

作り方

1 にんじん、パプリカ、きゅうりを
食べやすい大きさのスティック状にカットする。
ベーコンはさっと炒めておく。

2 みじん切りにしたアンチョビフィレとマヨネーズ、
ほりにしを混ぜ合わせる。

3 野菜とベーコンを盛りつけ、2のソースをかけたら完成。

混ぜほり

お手軽ワカモレ

材料（2人分）

たまねぎ … 1/4個
トマト … 1/2個
アボカド … 1個
バゲット … 適量
メキシカンチップス … 適量
マヨネーズ … 大さじ2
レモン汁 … 小さじ2
ほりにし … 小さじ2

作り方

1 たまねぎをみじん切りに、トマトは角切りにする。

2 アボカドをボウルでつぶし、トマト、たまねぎを入れ、マヨネーズ、レモン汁、ほりにしを加えてソースを作る。バゲットやメキシカンチップスと一緒にいただく。

あま旨 桃のカプレーゼ

かけ
ほり

材料(2人分)

モッツァレラチーズ … 100g
桃(缶詰)… 1缶
バジル(生)… 4枚
オリーブオイル … 大さじ1
ほりにし … 小さじ1

作り方

1 モッツァレラチーズを食べやすい大きさにカットする。
2 桃とチーズをお皿に盛り、オリーブオイル、ほりにしをふりかけ、バジルの葉を飾る。

刺し盛りカルパッチョ

材料(2人分)

たまねぎ … 1/4個
刺身盛り合わせ(ぶり、鯛、ホタテ、サーモン) … 1パック
レモン … 1/2個
パプリカ(赤・黄) … 各1/8個
大葉 … 2枚
オリーブオイル … 大さじ2
ほりにし … 小さじ1

作り方

1 たまねぎをスライスして水にさらしておく。
2 お皿にたまねぎを敷き、その上に刺身を並べる。
3 オリーブオイルをまわしかけ、ほりにしをふりかける。
4 レモン汁を絞り、スライスしたレモン、角切りにしたパプリカ、ちぎった大葉を散らす。

ポリポリ揚げパスタ

かけ ほり

材料(1人分)

パスタ … 1/2束
サラダ油 … 適量
ほりにし … 小さじ1

作り方

1 フライパンにサラダ油を入れて熱し、180℃になったらパスタを入れて20〜30秒ほど揚げる。

2 茶色く揚がったら油を切り、ほりにしをふりかけて完成。

パリパリチーズ煎餅

かけ ほり

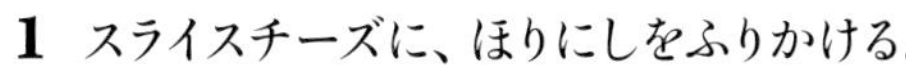

材料(1人分)

スライスチーズ … 4枚
ほりにし … 大さじ1

作り方

1 スライスチーズに、ほりにしをふりかける。
2 油をひかずにフライパンを熱し、スライスチーズをのせて焼く。
3 片面に焼き色がついてきたら、火を止めて裏返す。もう一度火をつけて両面が焼けたら火を止めて、固まったら完成。

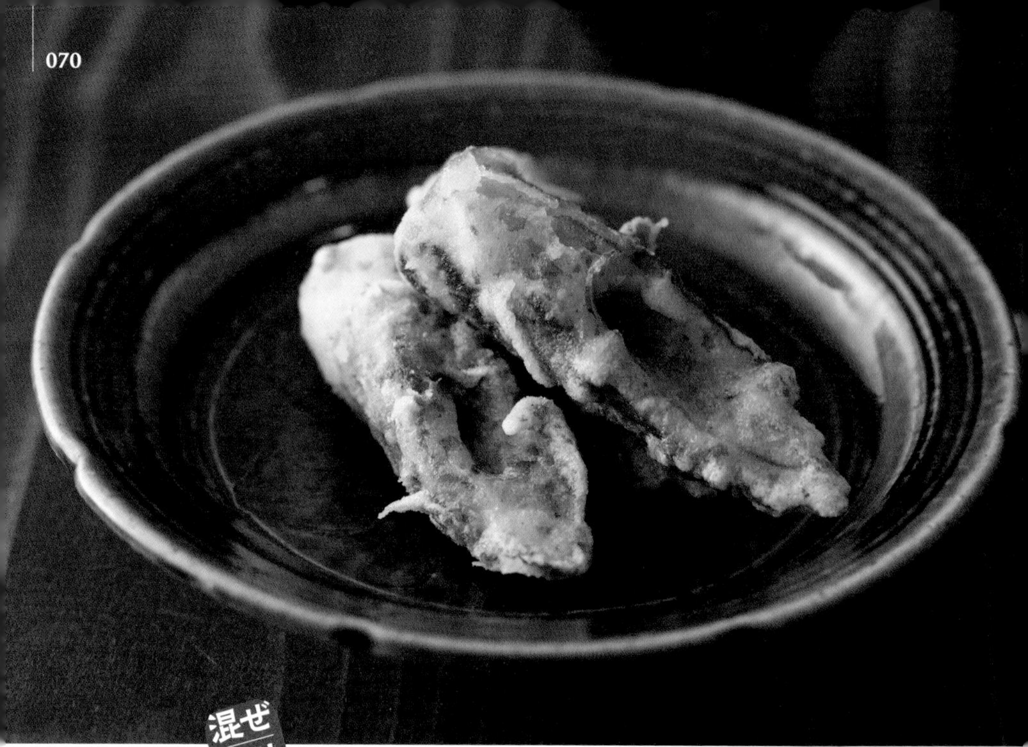

混ぜ
ほり

ちくわのスパイシー磯部揚げ

材料（2人分）

ちくわ … 2本
小麦粉 … 大さじ2
水 … 大さじ2
青のり … 大さじ1
ほりにし … 大さじ1
サラダ油 … 適量

作り方

1 ちくわは斜め半分に切っておく。小麦粉を水で溶いて、青のりとほりにしを混ぜる。

2 ちくわを1の衣にくぐらせて、熱したサラダ油で揚げる。

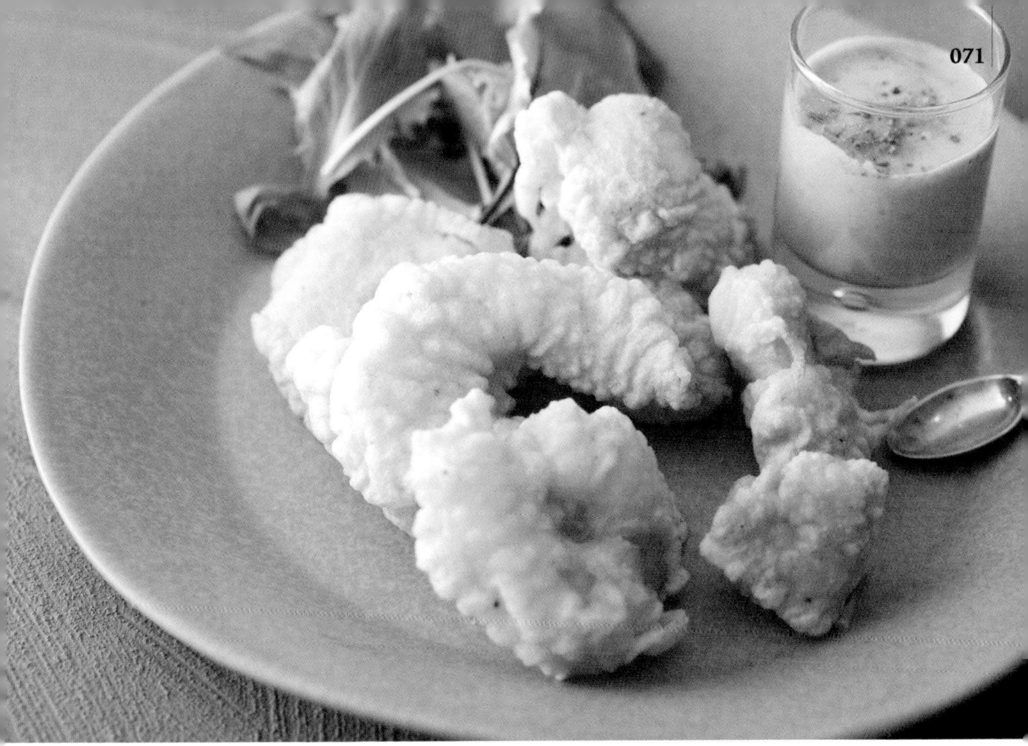

エビとアボカドのフリット

混ぜほり

材料（2人分）

エビ … 4尾
アボカド … 1/2個
サラダ油 … 適量

バッター液

- 卵 … 1個
- 小麦粉 … 50g
- 炭酸水 … 50ml
- ほりにし … 大さじ1

ソース

- マヨネーズ … 大さじ2
- ケチャップ … 大さじ2
- ほりにし … 小さじ1

作り方

1. エビは殻をむき、背ワタを取る。アボカドは一口大にカットする。バッター液の材料はよく混ぜ合わせておく。ソースの材料も混ぜておく。
2. サラダ油を熱して、バッター液をつけたエビ、アボカドを180℃で3分ほど揚げる。お皿に盛りつけ、ソースを添えて完成。お好みでレモンを添えても。

かけ
ほり

ねばぽりやっこ

材料（2人分）

オクラ … 4本
納豆 … 1パック
絹ごし豆腐 … 1丁
たくあん … 適量
ほりにし … 小さじ1

作り方

1 塩でもみ洗いしたオクラを輪切りにし、付属のタレをかけた納豆とほりにしと混ぜ合わせる。

2 水切りしてカットした豆腐に1をのせて、さらに細かくカットしたたくあんをのせる。お好みで仕上げにもほりにし（分量外）をかければ完成。

ほりにし卵焼き

材料(2人分)

卵 … 3個
ほりにし … 大さじ1/2
サラダ油 … 適量

作り方

1 溶いた卵にほりにしを混ぜ合わせておく。
2 熱した卵焼き器に油をひいて、卵を少しずつ入れながら巻いていく。巻いて卵を足す前に、卵焼き器の内側の側面にも油を塗ると巻きやすい。

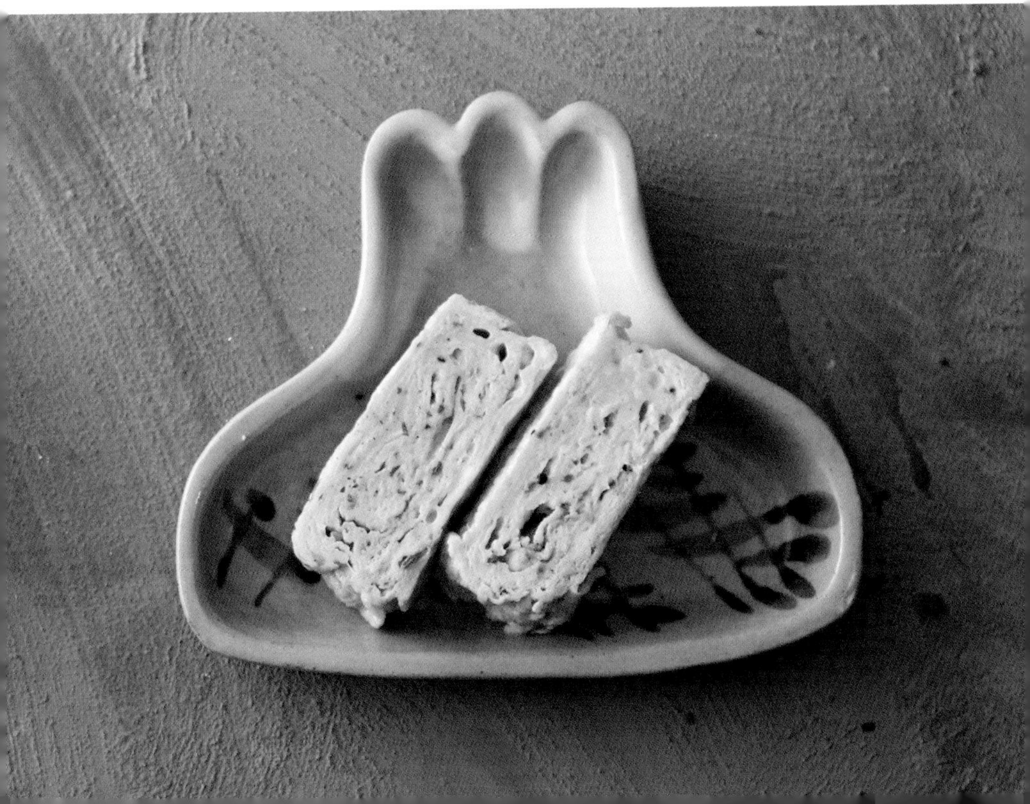

おまかせポテサラ

材料(2人分)

じゃがいも … 1個
卵 … 1個
きゅうり … 1/2本
ベーコン … 60g
マヨネーズ … 大さじ2
ほりにし … 小さじ2

作り方

1 じゃがいもは皮をむいて柔らかくなるまで茹でる。
卵はゆで卵にし、きゅうりは輪切りにする。
ベーコンを角切りにしてフライパンで焼き、
軽く焦げ目をつける。

2 すべての具材を器に入れて、
マヨネーズとほりにしをかけたら食卓へ。
じゃがいもとゆで卵を好みの粗さにつぶし、
混ぜてからいただく。

かけ
ほり

旨味たっぷり鮭のホイル焼き

材料（1人分）

たまねぎ … 1/4個
しめじ … 1/4袋
鮭（切り身）… 1切れ
バター … 10g
ほりにし … 小さじ1

作り方

1 たまねぎはスライスし、しめじは石づきをとってほぐしておく。アルミホイルを20cmほどの長さで用意する。

2 アルミホイルにたまねぎを敷き、鮭、しめじの順にのせる。そこへバター、ほりにしをかけ、しっかり包む。

3 2をオーブントースターに入れ、15分焼いたら完成。

Fish

トマトの洋風おでん

溶け ほり

材料(1人分)

トマト … 1個
水 … 400cc
ほりにし … 大さじ1
砂糖 … 小さじ1
粒マスタード … 大さじ1

作り方

1 トマトに軽く十字に切り込みを入れて熱湯に10秒ほど浸し、冷水に浸けて皮をむく。
2 鍋に水を入れて沸騰させ、トマトとほりにし、砂糖を入れて10分ほど煮込む。
3 汁ごと器に入れて、粒マスタードを添えたら完成。

Vege

トマト&チーズのトロ旨きんちゃく

かけほり

材料(2人分)

あぶら揚げ … 2枚
長ネギ … 1/4本
ピザ用チーズ … 適量
プチトマト … 4個
ほりにし … 小さじ2

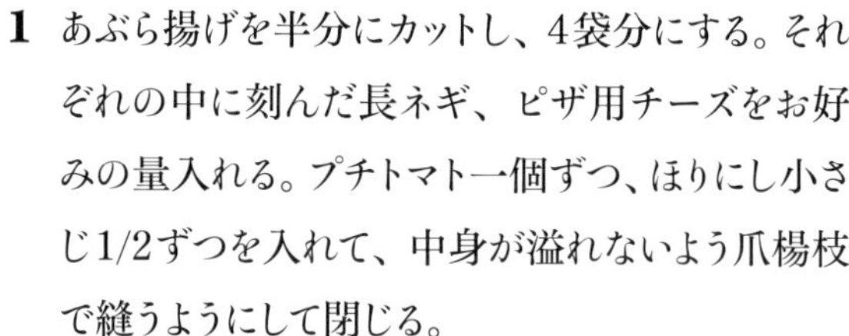

作り方

1 あぶら揚げを半分にカットし、4袋分にする。それぞれの中に刻んだ長ネギ、ピザ用チーズをお好みの量入れる。プチトマト一個ずつ、ほりにし小さじ1/2ずつを入れて、中身が溢れないよう爪楊枝で縫うようにして閉じる。

2 フライパンを弱火で熱し、1を入れる。チーズが溶けるまでじっくり焦げ目をつけながら焼いたら完成。

かけ
ほり

ふわふわとろろの鉄板焼き

材料（2人分）

長いも … 300g
刻みネギ … 適量
刻みのり … 適量
ほりにし … 大さじ1
サラダ油 … 大さじ1

作り方

1 すりおろした長いもをボウルに入れ、ほりにしを入れてよく混ぜる。
2 フライパンにサラダ油をひいて熱し、1を流し込む。
3 底面が焼けたら、お皿をかぶせて裏返し、焼けていないほうが下になるようにフライパンに戻してさらに焼く。ネギとのりを飾って完成。

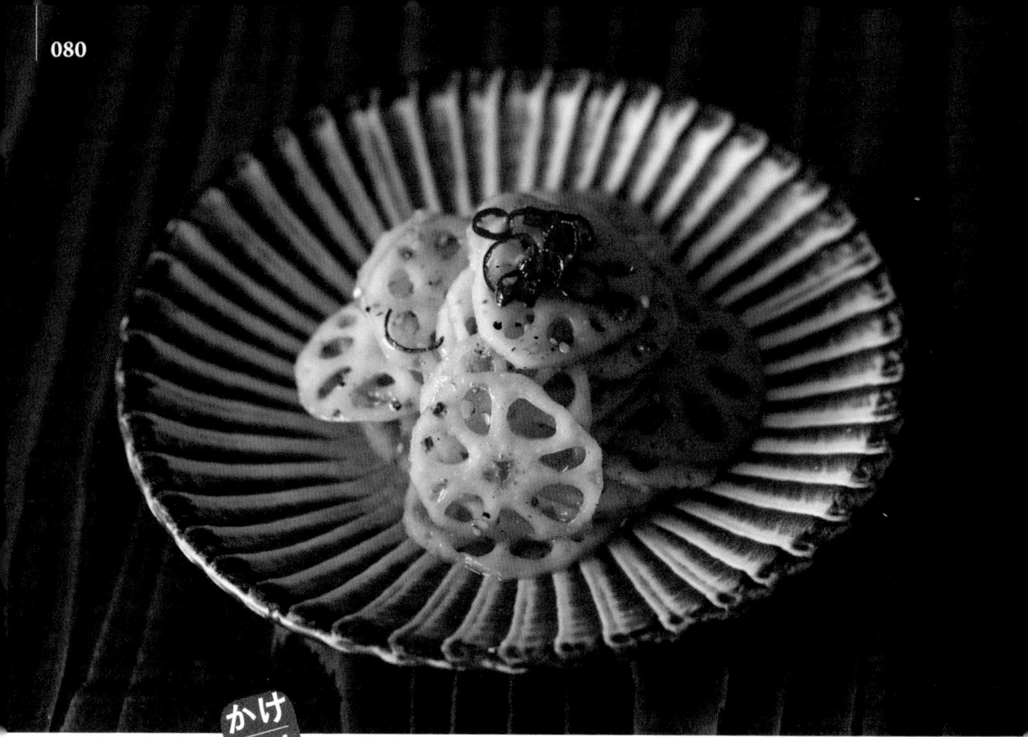

かけ
ほり

シャキピリきんぴら

材料（2人分）

レンコン … 100g
鷹の爪（輪切り）
… 小さじ1
いりごま … 適量
ごま油 … 大さじ1
ほりにし … 小さじ1
酒 … 小さじ2
砂糖 … 小さじ1

作り方

1 レンコンの皮をむき、薄めの輪切りにして水にさらしておく。

2 フライパンにごま油をひいて熱し、レンコンを入れて炒める。

3 しんなりしたら、鷹の爪、いりごま、ほりにし、酒、砂糖を加えて炒め絡めれば完成。

ふっくらジューシー鶏つくね

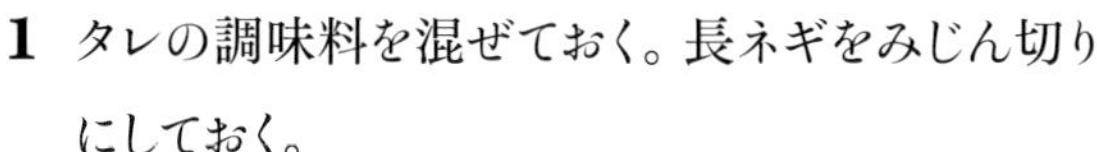

材料(2人分)

長ネギ … 1/2本
鶏ひき肉 … 200g
卵黄 … 1個
ほりにし … 小さじ2
砂糖 … 大さじ1
しょうゆ … 大さじ1
マヨネーズ … 大さじ1
サラダ油 … 大さじ1
酒 … 大さじ1

タレ

しょうゆ … 大さじ2
砂糖 … 大さじ1
みりん … 大さじ2

作り方

1. タレの調味料を混ぜておく。長ネギをみじん切りにしておく。
2. 鶏ひき肉に、長ネギ、ほりにし、砂糖、しょうゆ、マヨネーズを入れてこねる。
3. フライパンにサラダ油をひいて熱し、丸めたつくねの両面をこんがりと焼く。
4. 酒を入れてふたをして、蒸し焼きにする。
5. 火が通ったらタレを加え、焦げつかないようにとろみが出るまで煮絡める。つくねを皿に盛りつけてタレをかけ、卵黄を添えて完成。

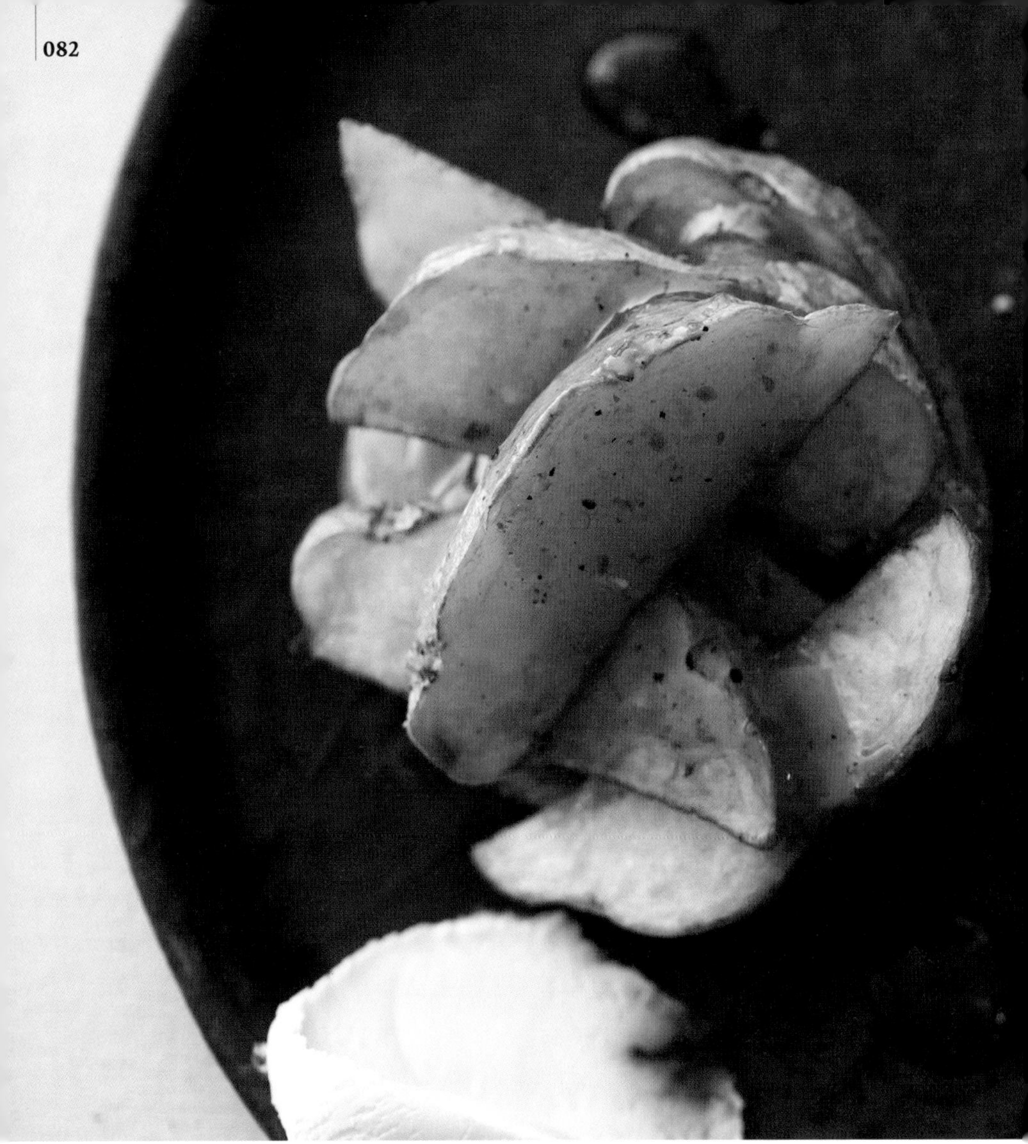

2種のほくほくポテトフライ

かけほり

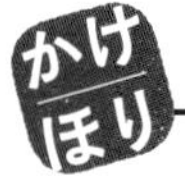

材料(2人分)

じゃがいも … 4個
サラダ油 … 適量
ほりにし … 大さじ2
スイートチリソース … 大さじ2
サワークリーム … 大さじ2

作り方

1 じゃがいもはよく洗って、皮のままくし切りにする。

2 サラダ油を180℃に熱し、じゃがいもをきつね色になるまで揚げる。

3 半量にほりにし大さじ1をふりかけて、ほりにしポテトフライが完成。もう半量には、ほりにし大さじ1とスイートチリソースを混ぜたものをかける。サワークリームを添えても。

Vege

漬け
ほり

お酒がススム漬けチーズ

材料(2人分)

チーズ(6Pタイプ)
… 1パック
ごま油 … 100ml
しょうゆ … 100ml
ほりにし … 大さじ1

作り方

1 ファスナーつき保存用袋にごま油としょうゆ、ほりにしを入れて、
チーズを漬け込む。冷蔵庫に入れて6時間置いたら完成。

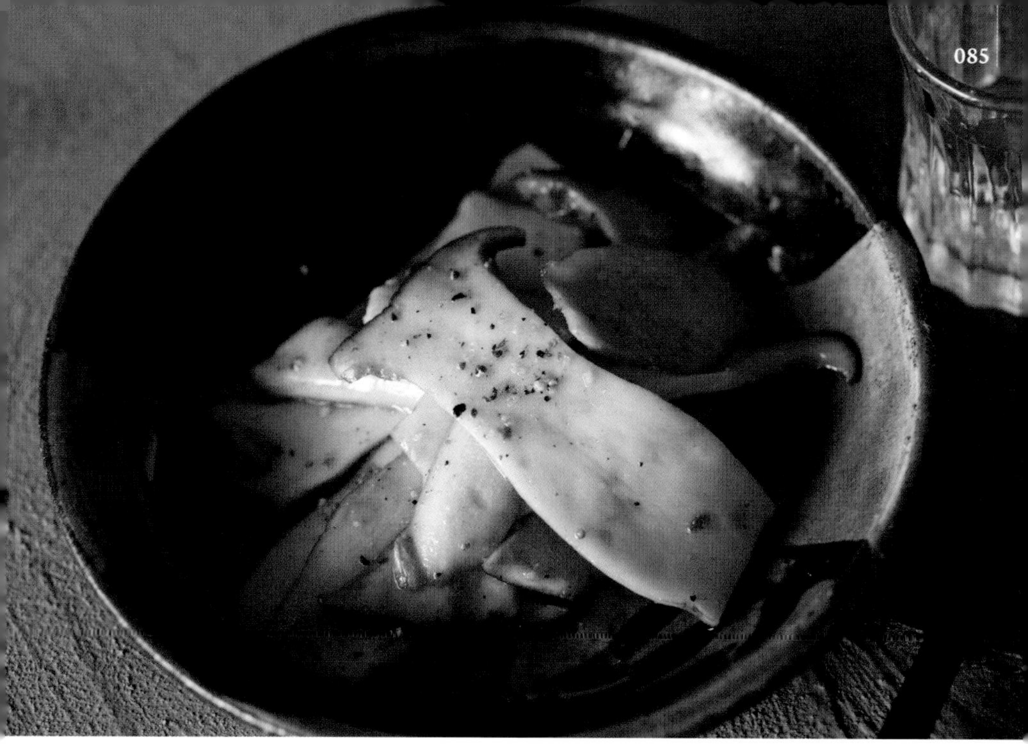

エリンギのナムル

かけ ほり

材料(2人分)

エリンギ … 2本
ごま油 … 大さじ1
しょうゆ … 小さじ1
ほりにし … 小さじ2

作り方

1 エリンギを縦に薄くスライスする。
2 フライパンにごま油をひいて熱し、エリンギを炒める。
3 しょうゆ、ほりにしをふりかけて、
さっと炒めれば完成。

ミンチ肉の中華風レタス包み

材料(2人分)

長ネギ … 1/4本
しいたけ … 2個
たけのこ水煮 … 100g
豚ひき肉 … 200g
レタス … 適量
ごま油 … 大さじ1
酒 … 大さじ1
砂糖 … 小さじ2
ほりにし … 小さじ2
糸唐辛子 … 適量

作り方

1 長ネギは白髪ネギにしておく。
しいたけ、たけのこは細かく刻む。

2 フライパンにごま油をひいて熱し、豚ひき肉、しいたけ、
たけのこ、酒、砂糖、ほりにしを入れて
パラっとするまで炒める。

3 お皿に2、糸唐辛子、白髪ネギ、レタスを盛りつける。
レタスに具材をのせていただく。

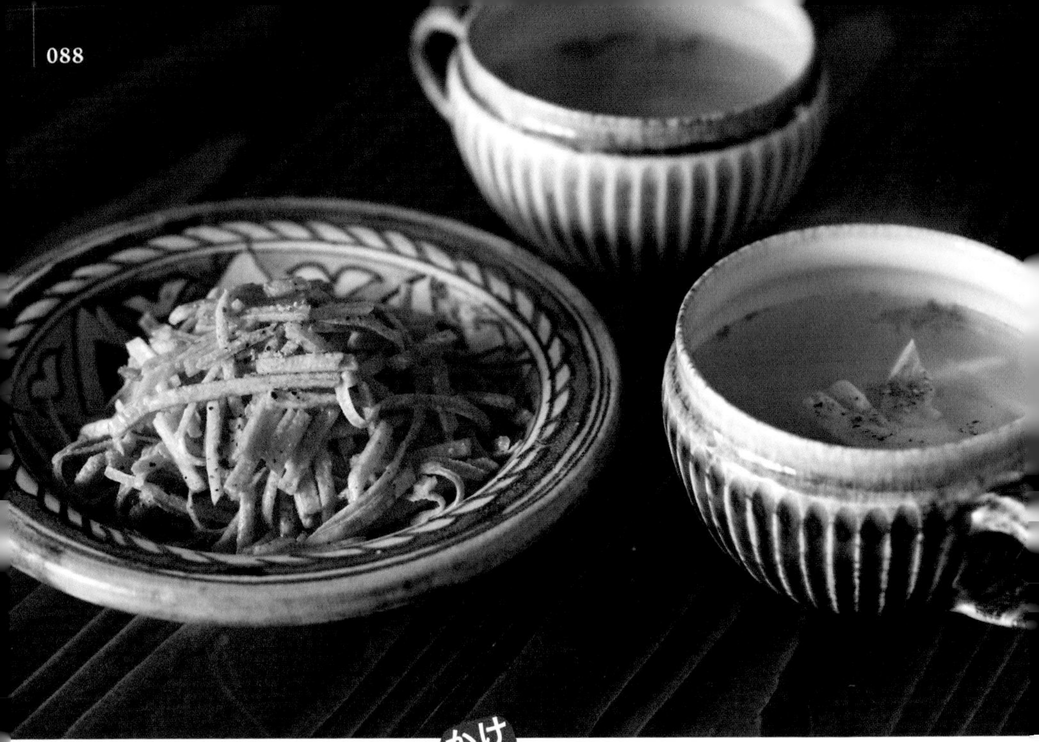

かけほり

ピリ辛スナックとにんじんのサラダ

材料（1人分）

にんじん … 1/2本
ピリ辛スナック（スティックタイプ）… 1/2袋
マヨネーズ … 大さじ2
ほりにし … 大さじ1

作り方

1 皮をむいたにんじんをスライサーで細切りにし、スナックとマヨネーズ、ほりにしと混ぜたら完成。

即席 サラダチキンスープ

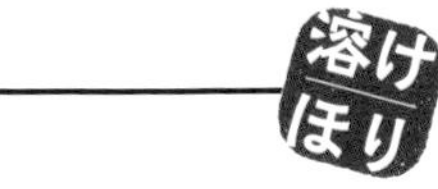

材料（2人分）

サラダチキン … 1/2個
刻みパセリ… 少々
水 … 2カップ
ほりにし … 小さじ2

作り方

1 サラダチキンは食べやすい大きさに割いておく。
2 鍋に水とほりにしを入れて沸騰させ、サラダチキンを加える。
3 サラダチキンがあたたまったら器に盛り、パセリを散らして完成。お好みで仕上げにほりにしをかけても。

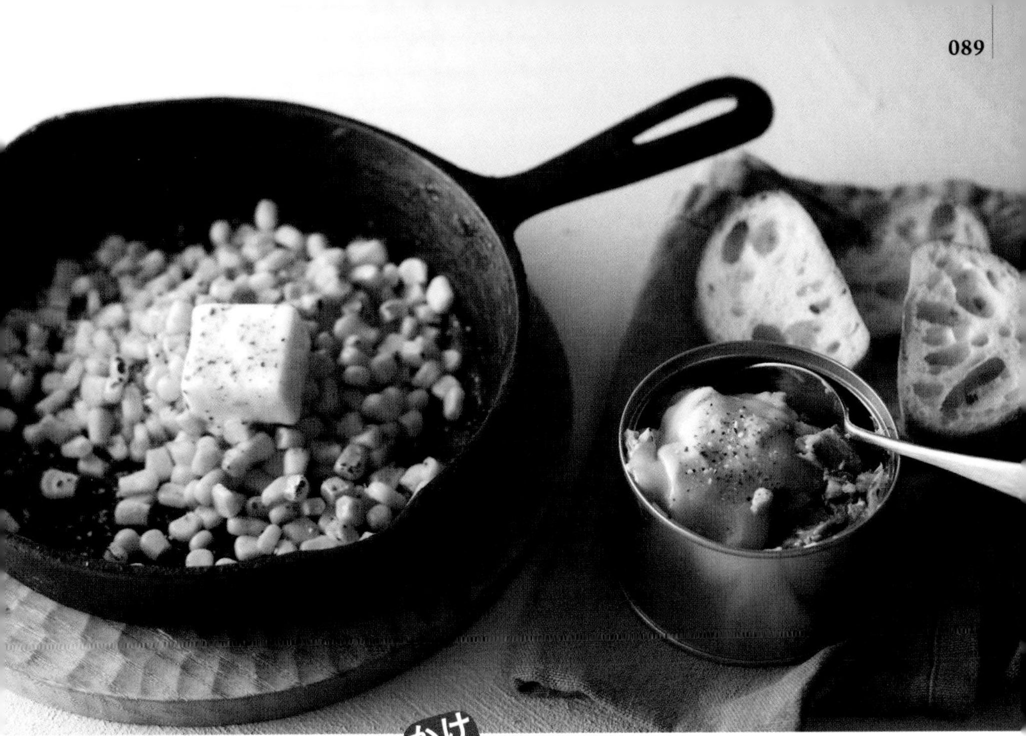

ほりにし
コーン缶バター

材料(1人分)

コーン缶 … 1缶

バター … 20g

ほりにし … 小さじ2

作り方

1 スキレットにバター(10g)を溶かして、水切りしたコーンを入れて炒める。

2 ほりにしをふりかけて混ぜ、残りのバターをのせたら完成。

ほりにしサバ缶

材料(1人分)

サバの水煮缶 … 1缶

チーズ … 30g

ほりにし … 小さじ1

作り方

1 水切りしたサバの水煮缶にチーズとほりにしをかけて、オーブントースターで6分ほど焼いたら完成。

ほりにしでつくる 酒党レシピ

ドリンクにも使えるのが
「ほりにし」の万能力。
相性のいいトマトベースのお酒と
日本酒の簡単レシピをご紹介！

1

ほりにしレッドアイ

● 材料（2人分）

ビール（350ml缶）… 1缶
トマトジュース … 1パック
ほりにし … 適量

作り方

ビールとトマトジュースを1：1の割合でグラスに注ぎ、ほりにしを少量入れて混ぜる。

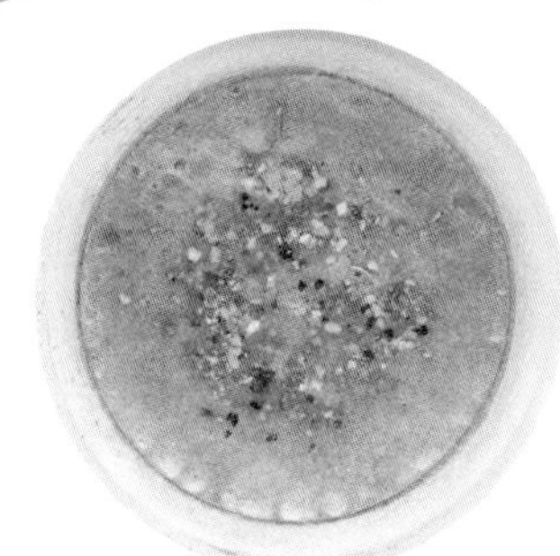

カップ酒のほりにし割

2

● 材料（2人分）

カップ酒 … 1本
ほりにし … 適量

作り方

あたためたカップ酒にお好みでほりにしを少量加えれば、日本酒のだし割のような味わいに。

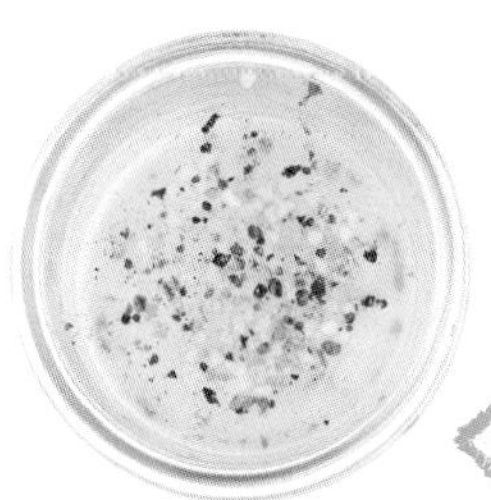

テキーラサングリータ

混ぜほり

● 材料（2人分）

トマトジュース … 50ml
オレンジジュース … 50ml
ウスターソース … 20ml
赤ほりにし … 小さじ1
ライム … 適量

作り方

トマトジュースとオレンジジュースをグラスに注ぎ、ウスターソース、赤ほりにしを加えて混ぜ、仕上げにライムを絞る。テキーラのチェイサーとしていただくのが本場メキシコ流。

3

カフェ&喫茶ほりにし

軽食からデザートまで、
こんなお店があったら
通いたくなっちゃう。

ほりにしトースト

材料(1人分)

食パン … 1枚
スライスチーズ … 1枚
ほりにし … 適量

作り方

1 食パンにスライスチーズをのせて、ほりにしをふりかけトースターで焼く。

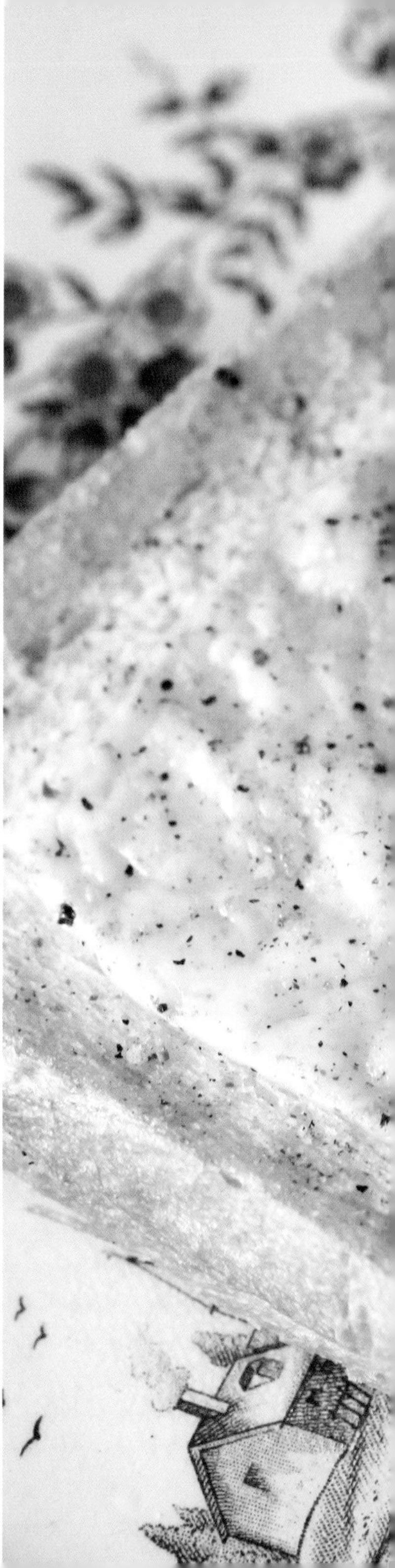

溶け ほり

バター香るクロックムッシュ

材料（2人分）

卵 … 1個
食パン … 2枚
スライスチーズ … 2枚
ハム … 2枚
牛乳 … 大さじ2
ほりにし … 小さじ1
バター … 20g

作り方

1 卵、牛乳、ほりにしを混ぜ合わせておく
2 食パンにチーズとハムを挟み、1に浸す。
3 フライパンを熱してバター（10g）を溶かし、パンを焼く。
4 焼き色がついたら、残りのバターを溶かして反対の面も焼く。

まんぷくサバサンド

染み
ほり

材料（1人分）

サバ（切り身）… 2切れ
トマト … 1/4個
紫たまねぎ … 適量
バゲット … 1/2本
レタス … 1枚
ほりにし … 適量

ソース

マヨネーズ … 大さじ2
粒マスタード … 大さじ1
レモン汁 … 少々

作り方

1 サバにほりにしをふってなじませておく。トマトはスライス、紫たまねぎはスライスして水にさらしておく。ソースの材料を混ぜ合わせておく。

2 1のサバをガスグリルで焼く。切り込みを入れたバゲットにレタス、トマト、紫たまねぎ、焼いたサバをサンドしてソースをかける。

プチトマトとベーコンのピラフ

溶け ほり

材料(2人分)

米 … 1合
プチトマト … 6個
ベーコン … 80g
パセリ … 少々
水 … 1合分
ほりにし … 小さじ2
バター … 10g
オリーブオイル … 大さじ1

作り方

1 研いで水に浸しておいた米に、ほりにし、バター、ヘタを取ったプチトマト、細切りにしたベーコンを入れて炊飯器もしくは鍋で炊く(鍋の場合、炊き方はP48と同様)。

2 オリーブオイルをまわしかけ、パセリを散らして完成。

かけほり ほりにし ペペロンチーノ

材料(2人分)

パスタ … 2束
キャベツ … 4枚
ベーコン … 100g
鷹の爪 … 2本
オリーブオイル … 大さじ2
ほりにし … 大さじ1

作り方

1 パスタを既定の時間通りに茹でておく。その間にキャベツを1口サイズにカット、ベーコンは細切りにする。鷹の爪は半分に割り、種を出しておく。

2 フライパンにオリーブオイルをひいて熱し、鷹の爪とベーコンを炒める。

3 キャベツを加えてさらに炒めて、茹で上がったパスタを加え、ほりにしをふりかけて混ぜる。

ほりにしグラタン

混ぜ ほり

材料（2人分）

ソーセージ … 3本
たまねぎ … 1/4個
じゃがいも … 1個
チーズ … 30g
ホワイトソース缶 … 1缶
牛乳 … 200ml
オリーブオイル … 大さじ1
ほりにし … 小さじ2

作り方

1 ソーセージをスライスし、たまねぎは皮をむいてスライス、じゃがいもは皮をむいて2cm角にカットする。

2 フライパンでオリーブオイルを熱し、じゃがいもとたまねぎ、ソーセージを加え、野菜が柔らかくなるまで炒める。

3 小鍋にホワイトソース、牛乳、ほりにしを入れ、混ぜながらあたためる。

4 耐熱容器に2を入れて、3をかけ、最後にチーズをのせる。180℃に熱しておいたオーブンで10分ほど焼いたら完成。

溶け
ほり

お手軽ミネストローネ

材料（2人分）

じゃがいも … 1個
にんじん … 1/2本
たまねぎ … 1/2個
キャベツ … 1/4個
ベーコン … 2枚
ホールトマト缶 … 1缶
パセリ … 少々
オリーブオイル … 適量
水 … 4カップ
ほりにし … 小さじ2

作り方

1 じゃがいも、にんじん、たまねぎは皮をむいて角切りにする。キャベツ、ベーコンも小さくカットする。

2 鍋にオリーブオイルを入れて、カットした野菜、ベーコンを炒める。

3 しんなりしたら、ホールトマトを潰しながら加え、水とほりにしを入れて加熱する。

4 15分ほど煮込んだら完成。最後にパセリを散らす。

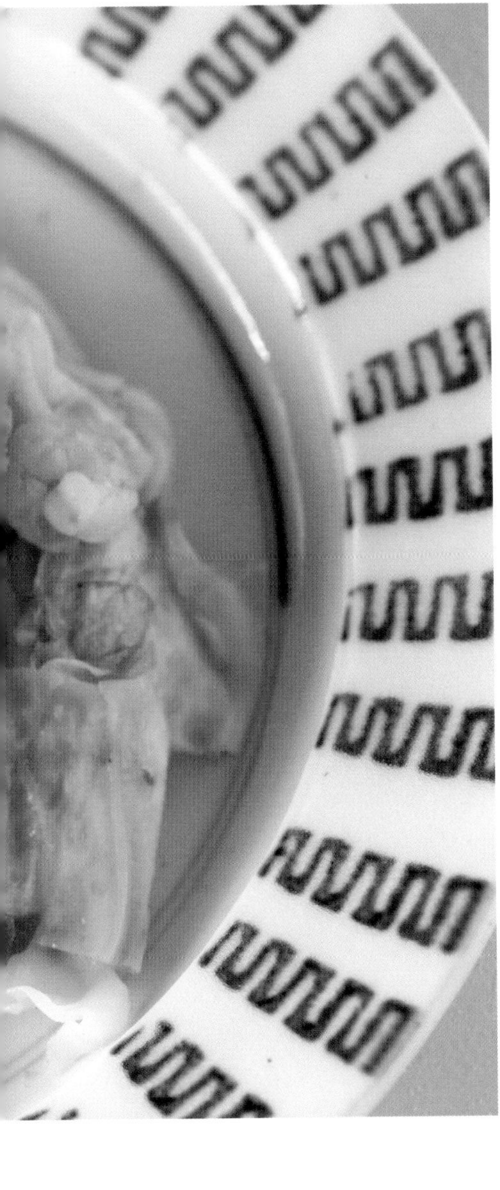

かけほり あっさり梅焼きそば

材料(2人分)

シーフードミックス(冷凍)… 100g
キャベツ … 2枚
焼きそば麺 … 2玉
梅干し … 4個
サラダ油 … 適量
水 … 大さじ1
ほりにし … 大さじ1

作り方

1 シーフードミックスは解凍し、キャベツは食べやすい大きさに切っておく。

2 フライパンを熱してサラダ油をひいて、シーフードミックスを炒める。シーフードに火が通ったら、キャベツ、焼きそば麺を入れて、水でほぐす。

3 ほりにし、つぶした梅肉を加えて炒めれば完成。

ピリ辛ガパオライス

材料(2人分)

パプリカ(赤・黄) … 各1/4個
ピーマン … 1/2個
卵 … 2個
鶏ひき肉 … 100g
ごはん … 茶碗2杯分
サラダ油 … 大さじ1
ほりにし … 小さじ2

A
- 豆板醤 … 小さじ1
- ウスターソース … 小さじ1
- オイスターソース … 小さじ1
- 砂糖 … 小さじ1

作り方

1 パプリカ、ピーマンを角切りにしておく。

2 フライパンにサラダ油をひき、
卵を割り入れ目玉焼きを作る。

3 目玉焼きを別皿に移してフライパンをさっと拭き、
鶏ひき肉にほりにしをふりかけて炒める。
肉に火が通ったら、パプリカ、ピーマン、Aを入れて
さらに炒める。

4 ごはんをお皿に盛りつけて、
3の具材と目玉焼きをのせたら完成。

夏野菜 キーマカレー

かけ ほり

材料(2人分)

たまねぎ … 1/2個
にんじん … 1/2個
夏野菜(なす、パプリカ 赤・黄) … お好みで
合いびき肉 … 200g
ごはん … 2杯分
ゆで卵 … 1個
バター … 20g
ほりにし … 小さじ2
水 … 1/2カップ
カレールウ … 1片
ケチャップ … 大さじ1
ウスターソース … 大さじ1
オリーブオイル … 適量

作り方

1 たまねぎとにんじんはみじん切りする。夏野菜は食べやすい大きさに切っておく。

2 フライパンにバターを入れて熱し、たまねぎとにんじんを炒める。たまねぎが透き通ってきたら、合いびき肉とほりにしを加えてさらに炒める。

3 水とカレールウ、ケチャップ、ウスターソースを加えて、水分がなくなるまで炒める。

4 別のフライパンにオリーブオイルを入れて熱し、夏野菜を焼く。

5 器にごはん盛りつけ、3をかける。夏野菜をゆで卵と一緒に飾って完成。

溶け ほり 万能ほりにし ドレッシングサラダ

材料(2人分)

紫たまねぎ … 1/4個

パプリカ(黄) … 1/4個

水菜 … 1/4束

プチトマト … 2個

レタス … 1/4個

ほりにしドレッシング

オリーブオイル … 大さじ3

レモン汁 … 小さじ2

ほりにし … 小さじ1

作り方

1 紫たまねぎはスライスして水にさらしておく。
パプリカは細切り、水菜は食べやすい大きさに、
プチトマトは半分にカットする。
レタスも食べやすい大きさにちぎっておく。

2 オリーブオイル、レモン汁、ほりにしを混ぜ合わせ、
ドレッシングを作る。

3 野菜をお皿に盛りつけて、ドレッシングをかけていただく。

お食事スコーン

材料（2人分）

薄力粉 … 180g
砂糖 … 大さじ1
塩 … 少々
ベーキングパウダー … 小さじ2
ほりにし … 大さじ1
バター … 60g
牛乳 … 大さじ3

作り方

1 薄力粉、砂糖、塩、ベーキングパウダー、ほりにしをボウルに入れて混ぜ合わせる。

2 1に常温でやわらかくしたバターを入れてよく混ぜる。

3 牛乳を加えて一つにまとめ、
食べやすい大きさに型抜きする。

4 フライパンに3を並べ、
弱火で片面約5分ずつふたをして焼く。
焼き色がついたら完成。

甘じょっぱ バナナキャラメリゼ

材料（1人分）

バナナ … 1本
ミント … 適量
砂糖 … 大さじ2
ほりにし … 小さじ2

作り方

1 バナナは皮をむき、縦半分にカットする。
2 フライパンに砂糖（大さじ1/2ずつ）をバナナの形に敷いて、中火で熱する。
3 砂糖が溶け始めたら1のバナナを上にのせ、砂糖がキャラメル色になるまで焼く。
4 再び砂糖（大さじ1/2ずつ）をバナナの形に敷き、ひっくり返した3を上にのせる。
5 砂糖がキャラメル色になったらお皿に盛りつけ、ほりにしをかけたら完成。仕上げにミントを飾る。

混ぜ
ほり

ミニミニアメリカンドッグ

材料（2人分）

卵 … 1個
ソーセージ … 8本
ホットケーキミックス … 200g
牛乳 … 大さじ2
ほりにし … 大さじ1
サラダ油 … 適量
ケチャップ … 適量
マスタード … 適量

作り方

1 ホットケーキミックスと牛乳、卵、ほりにしを混ぜ合わせて生地を作る。

2 ソーセージにつまようじを刺し、1の生地で包み込む。

3 170℃に熱したサラダ油で揚げ色がつくまで揚げる。

4 お好みで、ケチャップやマスタードをかけていただく。

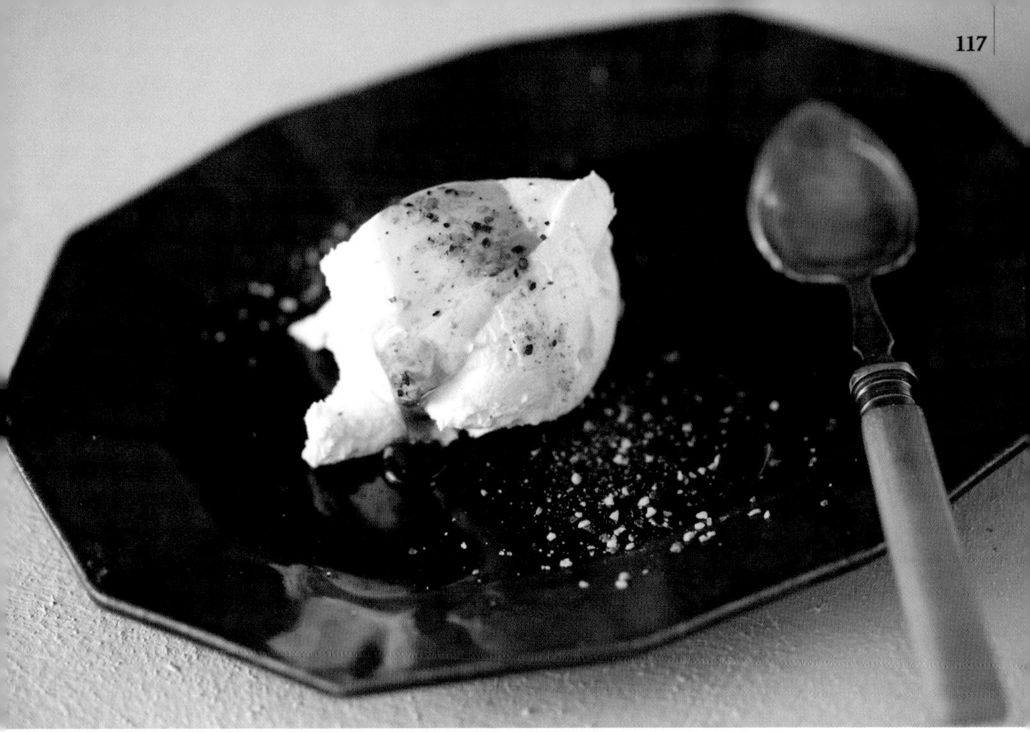

新感覚ほりにしアイス

かけ
ほり

材料(1人分)

アイスクリーム(バニラ)
… 1個
ほりにし … 適量
メープルシロップ … 適量

作り方

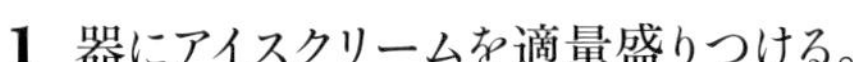

1 器にアイスクリームを適量盛りつける。

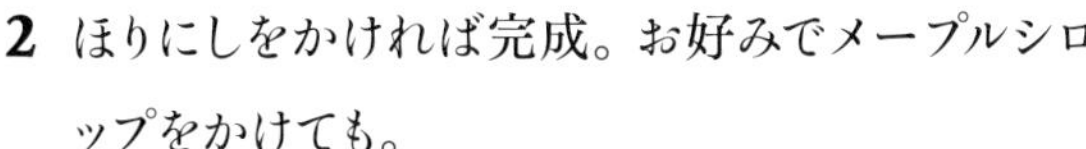

2 ほりにしをかければ完成。お好みでメープルシロップをかけても。

おわりに

アウトドア料理がもっと気軽に簡単に作れるようになったら、キャンプがもっと楽しくなるのに——。
「ほりにし」は、僕のそんな個人的な思いから誕生したスパイスです。2019年4月の発売以来、おかげさまで多くの皆さんに手に取っていただき、アウトドアはもちろん、ご家庭でも楽しんでいただいているようで、その反響の予想外の大きさに、僕自身、いまだに驚いています。和歌山の小さな町の小さなアウトドアショップ発の、しかも、僕の個人的な思いから生まれたものが、全国の皆さんに喜んでいただいているというだけでも信じられないことなのに、今回こうしてレシピ本まで出ることになり、これはまさに奇跡としか言いようがありません！
しかも監修は、たけだバーベキューくん！　アウトドア料理の第一人者であり、「ほりにし」のことを知り尽くしているたけだくんが、定番からおやつ（！）まで、バラエティーに富んだレシピを考案してくれました。どんな食材ともマッチする“万能スパイス”を目指して開発した「ほりにし」ですが、ずらっと並んだレシピを眺めながら、「『ほりにし』って本当に万能だったんだな」と改めて実感しています（笑）。たけだくん、ありがとう！
最後に、この本を手に取ってくださった皆さまに感謝の気持ちを込めて、「ほりにし」レシピがさらに美味しくなる“魔法の言葉”をご紹介したいと思います。

「ほりにし」かけときゃ
だいたいオッケー

この言葉とこのレシピ本をお供に、アウトドアシーンやご家庭で、美味しい“ほりにしライフ”を楽しんでいただければ幸いです。

by 堀西晃弘

アウトドア スパイス
ほりにし

アウトドアセレクトショップ Orange

“もっとキャンプが好きになる”、そんなお店作りを目指し、高性能でおしゃれなアパレルはもちろんのこと、使いやすいギアや食材、調味料まで、関西屈指の品揃えを誇る人気ショップ。和歌山県の本店だけでなく、大阪、茨城、神奈川にも展開。もちろん「ほりにし」もここで買える。

住所	〒649-7113 和歌山県 伊都郡かつらぎ町妙寺488-4
電話	ギア館 0736-20-1329 アパレル館 0736-26-8888
営業時間	11:00～19:00・無休(年末年始以外)
HP	https://shop-orange.jp/

たけだバーベキュー

1986年生まれ。兵庫県出身。BBQはもちろん、ピクニック、キャンプなど、野外飯をこよなく愛する芸能界きってのアウトドアフリーク。お肉検定やハーブ検定、キャンプ検定などの資格を所持し、カナダアルバータ州BBQ大使の肩書を持つ。狩猟免許も所持し、冬にはハンティングたけだとして山をかきわけ獲物を追っている。著書『超豪快バーベキューアイディアレシピ』(池田書店)、『鉄板! バーベキュー焼きそば』(ヨシモトブックス)ほか、出版本の発行部数は累計20万部を突破するなど、今最も勢いのあるアウトドアタレント。

アウトドアスパイス ほりにしやみつきレシピ

2021年 4月1日　初版発行
2023年 4月28日　2刷発行

発行人……藤原寛
編集人……新井治
発行……ヨシモトブックス
〒160-0022
東京都新宿区新宿 5-18-21
TEL03-3209-8291
発売……株式会社ワニブックス
〒150-8482
東京都渋谷区恵比寿 4-4-9
えびす大黒ビル
TEL03-5449-2711
印刷・製本……凸版印刷株式会社

書籍スタッフ
撮影&フードスタイリング…長尾明子
アートディレクション……尾崎行欧
デザイン……尾崎行欧、宮岡瑞樹、本多亜実、安井彩（尾崎行欧デザイン事務所）
編集……伊藤彩野、谷口知歌子(MOSH books)
編集統括……馬場麻子(吉本興業)
調理協力……太田晃平
撮影協力……京王フローラルガーデン アンジェ、株式会社ヒーロー
営業……島津友彦(ワニブックス)

協力……奥井剛平、関田眞由(吉本興業)

Printed in Japan　ISBN978-4-8470-7032-7 C0077